누리 과정에서 쏙쏙

자연탐구 탐구과정 즐기기 – 주변 세계와 자연에 대해 지속적으로 호기심을 가진다.
자연과 더불어 살기 – 주변의 동식물에 관심을 가진다.

초등 과정에서 쏙쏙

통합 봄1 2. 새싹 – 씨앗은 자라서, 씨앗을 심어요
과학 4-1 2. 식물의 한살이 – 1. 씨의 싹트기, 2. 식물의 자람
과학 4-2 1. 식물의 생활 – 1. 식물의 생김새, 2. 식물이 사는 곳
과학 5-1 3. 식물의 구조와 기능

감수 및 추천 이명근 박사(미국 존스홉킨스 대학교 교수 역임, 현재 연세대학교 보건대학원 교수)

세계 곳곳의 재난지에 뛰어들어 어린이들은 물론 도움이 필요한 사람들을 구조하며 봉사의 삶을 사는 분입니다. 알아야 더 잘할 수 있다는 믿음으로 연세대학교 보건대학원에 '국제 재난 대응 전문가 과정'을 개설하여 많은 재난 구조 전문가를 양성하고 있습니다. 국제 NGO인 '머시코'(Mercy Corp.)와 UNDP(유엔경제개발계획)에서 활동하기도 했습니다. 지금은 재난 구호의 필요성을 알리고, 아시아와 아프리카의 개발을 위해 '코이카'(KOICA, 한국국제협력단)와 국제 개발 기관인 '글로벌 투게더' 등과 함께 봉사에 앞장서고 있습니다.

글 조한나

초등학교 시절 어느 겨울 방학, 콧등까지 이불을 덮고 부모님이 사 주신 전집을 한권 한권 읽으며
이야기에 빠져들기 시작했습니다. 그렇게 허클베리 핀의 모험을 따라, 키다리 아저씨 주디의 일기를 흉내 내며
어느덧 동화를 쓰는 작가가 되었습니다. 대학에서는 희곡을 공부하였고 오랫동안 방송 작가로 활동을 하였습니다.
현재는 출판사에서 그림책 기획자이자 작가로 활동하고 있습니다.

그림 예브게니 오그나레프

구소련에서 태어났으며 현재는 우크라이나에서 살고 있습니다.
대학원에서 그래픽 디자인과 아트를 공부하였으며 오랫동안 잡지사에서 아트 디렉터로 일했습니다.
현재는 디자인 사무실을 운영하며 플래시 애니메이션, 캐릭터, 디자인, 일러스트레이션 등
다양한 작업을 하고 있습니다.

식물 | 식물의 번식
18. 심부름 가는 길에 바람이 휙

글 조한나 | **그림** 예브게니 오그나레프
펴낸곳 스마일 북스 | **펴낸이** 이행순 | **제작 상무** 장종남
대표 조주연 | **주소** 서울특별시 종로구 사직로8길 20, 103호
출판등록 제2013 - 000070호 **홈페이지** www.smilebooks.co.kr
전화번호 1588 - 3201 **팩스** (02)747 - 3108
기획 · 편집 조주연 김민정 김인숙 | **디자인** 김수정 정수하
사진 제공 및 대여 셔터스톡 연합뉴스 프리픽

이 책의 모든 글과 그림 등의 저작권은 스마일 북스에 있습니다.
본사의 허락 없이 이 책에 실린 내용의 일부 또는 전체를 어떤 형태로든지
변조하거나 무단 복제하는 것은 법으로 금지되어 있습니다.

⚠ 책을 집어던지면 다칠 수 있으니 조심하십시오. 잘못 만들어진 책은 바꾸어 드립니다.

심부름 가는 길에
바람이 휙

글 조한나 | 그림 예브게니 오그나레프

호리가 엄마 심부름을 가게 되었어요.
"고모가 꽃씨를 부탁했단다.
이 씨앗 봉투를 갖다 드리렴."
호리는 처음 가는 심부름에 마음이 설레었어요.

호리는 이웃 마을로 가는 기차를 탔어요.
그런데 갑자기 휙! 바람이 불어왔어요.
그만 호리의 무릎에 올려놓은 씨앗 봉투가 날아가 버렸어요.
"어, 이를 어쩌지?"

호리는 울상이 되어 기차에서 내렸어요.
그때였어요.
*갓털을 단 씨앗들이 바람을 타고 날아왔어요.
"우아, 분홍바늘꽃 씨앗이네!"
호리는 얼른 분홍바늘꽃 씨앗을 잡아 가방에 담았어요.

갓털 씨앗에 달린 솜털을 말해요.

바람에 날려 씨앗을 퍼뜨리는 분홍바늘꽃
산이나 들에서 저절로 자라는데, 여름에 분홍색 꽃이 피어요. 열매에는 꼬부라진 털이 있고, 씨앗에도 털이 달려 있어요. 털 때문에 씨앗이 바람을 타고 먼 곳까지 날아가지요.

분홍바늘꽃 씨앗

이번에는 졸참나무 숲길을 걸어가는데,
나무에서 툭! 툭! 도토리 열매가 떨어졌어요.
다람쥐가 도토리 열매를 열심히 따고 있었어요.
호리는 얼른 열매를 주워 가방에 담았어요.

동물에 의해 씨앗을 퍼뜨리는 졸참나무
산 곳곳에서 두루 자라며 가을에 도토리 열매를 볼 수 있어요. 떨어진 도토리가 멀리까지 굴러가 씨앗을 퍼뜨려요. 또는 동물이 물고 간 도토리가 오랫동안 그대로 있으면서 싹을 틔우기도 해요.

도토리 열매

조금 더 걸어가자, 연못이 나왔어요.
수련 씨앗들이 물 위에 둥둥 떠 있었어요.
"이것도 갖다드려야지!"
호리는 수련 씨앗을 건져 가방에 담았어요.

물에 떠다니며 씨앗을 퍼뜨리는 수련
연못과 늪에서 자라며, 여름에 흰색 또는 분홍색 꽃을 피워요. 밤에는 꽃이 오므라들지요. 열매는 물속에서 익은 뒤 썩어서 씨앗을 내보낸다고 해요. 그 씨앗이 물 위로 올라와 떠다닌답니다.

물에 젖은 호리는 몹시 추웠어요.
주위를 둘러보니 마침 두더지 부부가
불을 쬐고 있었어요.

"추운 모양이로구나. 어서 이리 오렴."
두더지 아저씨가 친절하게 맞아 주었어요.
"그런데 애야, 이 도깨비바늘 씨앗 좀 떼어 주겠니?
눈이 보이질 않으니 뗄 수가 없구나."

🍅 동물이나 사람 옷에 붙어서 씨앗을 퍼뜨리는 도깨비바늘
빈터나 길가에서 많이 자라요. 가을에 노란색 꽃이 피며, 바늘 모양의 씨앗에는 거꾸로 된 가시가 있어서 사람의 옷이나 동물의 털에 잘 달라붙어요.

도깨비바늘 씨앗

호리는 도깨비바늘 씨앗을 모두 떼어 주고,
그중에 하나는 가방에 담았어요.
두더지 아줌마는 고맙다며
차와 빵을 주었어요.

"씨앗이 제법 많이 모였는걸!"
그때 어디선가 '토독, 톡!' 소리가 들렸어요.
"어, 무슨 소리지?"

꼬투리가 톡톡 벌어지며
작은 돌콩들이 튀어나왔어요.
호리는 콩을 주워 하나는 입에 넣고,
또 하나는 가방에 넣었어요.

열매가 팍 터져서 씨앗을 퍼뜨리는 돌콩
빈터, 덤불 등지에서 곁에 있는 나무나 풀을 감고 자라요. 여름부터 초가을까지 나비 모양의 연한 자주색 꽃을 피워요.

돌콩 열매

마침내 호리는 고모네 집에 도착했어요.
그런데 문 앞에서 강아지가 끙끙 힘을 주며
똥을 누고 있었어요.

"어? 똥 속에 감 씨앗이 있네!"
호리는 감 씨앗도 잘 닦아 가방에 넣었어요.

"고모, 호리 왔어요!"
호리는 힘차게 문을 두드렸어요.

동물에 먹혀서 씨앗을 퍼뜨리는 감나무
가을에 열매가 주황색 또는 붉은색으로 익어요. 열매는 '감'이라고 해요. 감을 먹은 동물이 멀리 가서 눈 똥에 씨앗이 섞여 나오면서 씨앗이 퍼진 답니다.

감 속에 있는 씨앗

"우리 호리 다 컸구나.
혼자서 심부름을 다 하고!"

칭찬을 듣자 호리는 어깨가 으쓱했어요.
"예쁘게 정원을 만들면 초대하실 거지요?"
"그럼, 우리 함께 정원에서 꽃구경하자꾸나."

한 해가 지났어요.
키가 훌쩍 큰 호리가 고모네 집을 다시 찾아갔어요.
고모네 정원에는 분홍바늘꽃, 졸참나무, 수련,
도깨비바늘, 돌콩, 감나무가 쑥쑥 자라고 있었어요.

호리와 고모는 정원에 앉아 꽃구경을 했어요.
"호리야, 저것 보렴!"
분홍바늘꽃 씨앗들이 하늘로 날아오르고 있었어요.
호리의 마음도 둥실 하늘을 날아올랐어요.

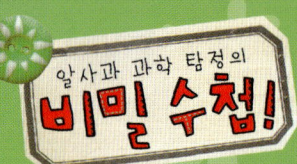

씨앗을 퍼뜨리는 똑똑한 식물들

식물의 씨앗은 포슬포슬한 털을 펼쳐 바람을 타고 훨훨 날아가고, 동물의 털에 슬며시 붙어 가고, 동물에게 먹히기도 하면서 먼 곳으로 퍼져 나가요. 이렇게 식물이 여러 방법으로 씨앗을 퍼뜨리는 것을 **번식**한다고 말해요.

민들레 씨앗

솔솔 바람에 날려 씨앗이 퍼져요

민들레, 엉겅퀴, 분홍바늘꽃 등의 씨앗은 털이 달려 있어서 **바람을 타고** 멀리멀리 날아가요. 또, 단풍나무, 소나무 등의 씨앗은 헬리콥터 같은 날개가 달려 있어서 뱅글뱅글 돌며 멀리 날아가지요.

하얀 털이 난 민들레 씨앗이 바람을 타고 멀리 날아가요.

꼬투리
완두콩 씨앗

팍 터진 꼬투리에서 씨앗이 퍼져요

콩, 봉선화, 나팔꽃, 무궁화 등의 씨앗은 꼬투리에 싸여 있어요. 잘 여문 꼬투리가 스스로 **팍 터지면서** 속에 들어 있던 씨앗이 멀리 날아가지요.

물에 둥둥 떠다니며 씨앗이 퍼져요

코코넛, 수련, 야자나무, 연꽃 등의 씨앗은 열매 속에 공기주머니 같은 것이 있어서 **물에 둥둥 떠다니며** 멀리 퍼져요.

단단한 코코넛 껍질 안에 털북숭이 씨앗이 있어요.

동물의 몸에 붙어 씨앗이 퍼져요

도깨비바늘, 도꼬마리 등의 씨앗에는 갈고리나 가시가 있어서 지나가는 **동물의 털이나 사람의 옷에 붙어서** 멀리 퍼져요.

도꼬마리 씨앗은 가시가 돋아 있어서 옷이나 털에 쉽게 붙어요.

동물에게 먹혀 씨앗이 퍼져요

감, 딸기, 참외, 수박, 포도, 머루 등의 열매는 동물이 좋아해요. **동물이 열매를 먹고** 먼 곳으로 가서 **똥을 누면** 씨앗이 섞여 나와 멀리 퍼져요.

수박을 먹고 있는 여우원숭이

# 식물의 번식에 대한 요런조런 호기심!

 ### 식물의 씨앗은 다 똑같이 생겼나요?

식물의 씨앗은 모양과 크기, 색깔이 다 다르단다. 동그랗게 생긴 씨앗이 많지만, 기다란 것도 있고, 납작한 것도 있지. 좁쌀처럼 조그만 것도 있고, 농구공만 한 것도 있어. 까만색, 노란색, 초록색 등 씨앗의 색깔도 여러 가지란다.

세계에서 가장 큰 바다코코넛 씨앗이에요. 크기는 농구공만 해요.

옥수수 씨앗은 옥수수의 알갱이 그대로예요.

겨자씨는 씨앗 하나를 손으로 집기 어려울 만큼 아주 작아요.

식물은 왜 힘들게 멀리까지 씨앗을 퍼뜨려요?

한곳에서 많은 식물이 함께 살 수 없기 때문이란다. 예를 들면 단풍나무가 있는데, 단풍나무 씨앗이 모두 어미 나무 밑으로 떨어져 싹이 튼다면 어떻게 될까? 새로 나온 싹은 어미 나무 그늘에 가려서 충분한 햇빛과 물을 얻을 수 없을 거야. 그래서 햇빛과 물이 많은 먼 곳으로 가서 싹을 틔우는 거란다.

날개가 달려 멀리까지 날아갈 수 있는 단풍나무 씨앗이에요.

멀리 날아간 씨앗은 어떻게 싹을 틔우나요?

대부분의 씨앗은 구슬처럼 동그랗단다. 그래서 땅에 떨어진 씨앗은 나뭇잎 밑이나 덤불 속으로 쉽게 들어갈 수 있어. 나뭇잎 밑이나 덤불 속은 따뜻해서 추운 겨울이 와도 잘 지낼 수 있거든. 그러다가 봄이 되어 얼었던 흙이 녹으면, 흙 속에 묻혀 있던 씨앗은 자연스럽게 싹을 틔운단다. 참 대단하지?

벽과 바닥 사이를 비집고 민들레가 자랐어요.

씨앗 껍질은 왜 단단해요?

씨앗 속에는 식물이 자라는 데 필요한 영양분이 들어 있어. 나중에 싹이 될 소중한 씨눈도 있지. 영양분과 씨눈은 아주 중요해. 씨앗 껍질은 영양분과 씨눈을 보호해야 하기 때문에 단단한 거야. 겨울 동안 씨눈은 따뜻한 껍질 속에서 싹을 틔울 날을 기다리고 있는 거란다.

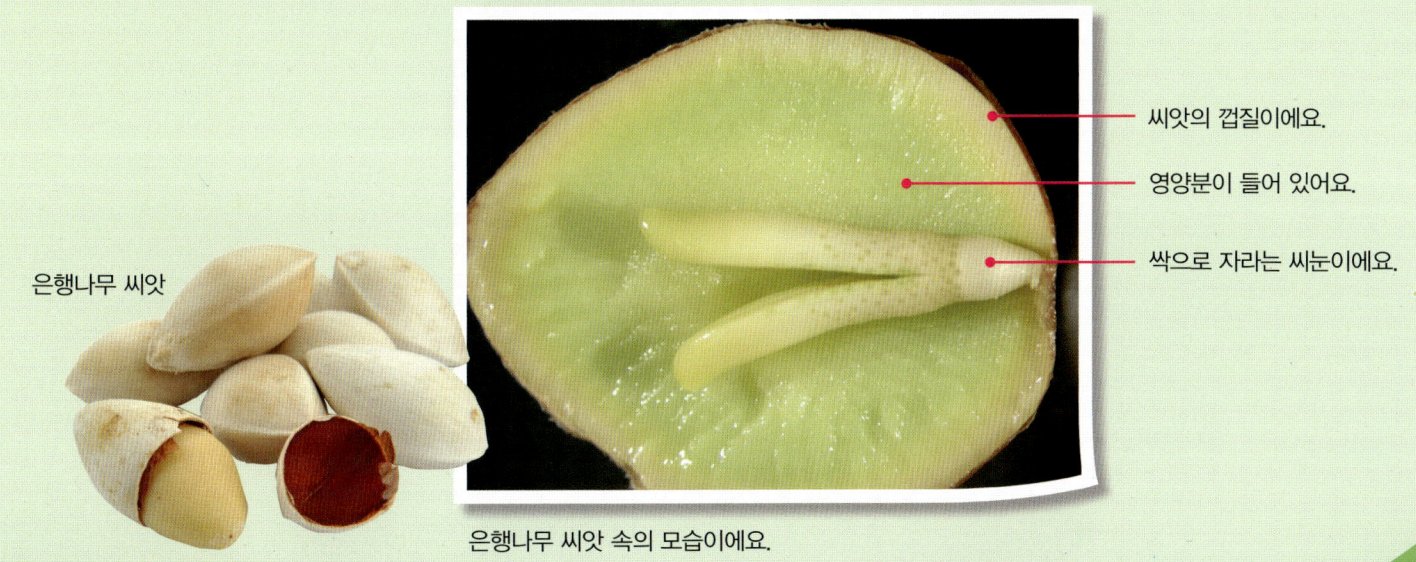

은행나무 씨앗

- 씨앗의 껍질이에요.
- 영양분이 들어 있어요.
- 싹으로 자라는 씨눈이에요.

은행나무 씨앗 속의 모습이에요.

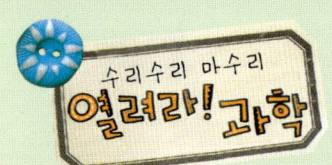

작은 씨앗의 힘은 대단해요

씨앗은 적당한 온도와 물, 공기가 있으면 싹을 틔워요.
그런데 수백, 수천 년이나 된 씨앗도 싹을 틔울 수 있을까요?

투탕카멘 완두콩

아주 옛날 이집트의 왕 투탕카멘의 무덤에서 나온 완두콩 씨앗을 국립수목원에서 싹 틔우는 데 성공했어요. 꽃이 분홍색이에요.

완두콩의 꼬투리 색깔이 초록색이 아니라 진한 보라색이에요.

고려 시대 연꽃

경상남도 함안박물관에서 자라고 있는 아라홍련 연꽃밭이에요. 함안에서 발견된, 700년 전의 연씨를 싹 틔운 거예요.

함안은 옛 '아라가야'의 중심지였어요. 그래서 꽃 이름을 '아라홍련'으로 지었어요.

씨앗을 심어 보아요

작은 씨앗에서 싹이 나오고, 줄기가 자라고, 잎이 나오는 과정을 직접 눈으로 보고 싶지 않나요? 작은 화분에 좋아하는 꽃의 씨앗을 심고 관찰해 보아요.

준비물 우유갑, 씨앗, 흙, 송곳(주의:송곳은 날카로우니 부모님이 도와주세요.)

우유갑 바닥에 구멍을 뚫어 물이 잘 빠지게 해요.

영양이 많은 거름흙을 우유갑에 넣어요.

손가락으로 흙에 구멍을 낸 후에 씨앗을 심고, 흙을 잘 덮어요.

물을 준 다음, 햇빛이 잘 비치는 곳에 우유갑을 두어요.

엄마, 아빠에게

씨앗이 싹을 틔우는 과정을 알아보는 활동입니다. 씨앗이 싹을 틔우면, 가장 먼저 떡잎이라고 하는 작은 잎이 자란 후에 좀 더 큰 잎들이 싹을 틔운다고 알려 주세요. 그리고 씨앗이 싹을 틔우기 위해서는 물, 공기, 햇빛 등이 필요하다는 것도 알려 주세요.